行書愛誦漢詩

행서애송한시

승천 이 규 삼
昇泉 李 揆 三

청자출판사

목차 目次

글씨본을 내면서	04
출판기념전시회를 축하드리며	06
오언절구 32수	09
칠언절구 50수	45
서예 낙관에 대하여	101
행서(行書), 초서(草書) 쓰기	105

일러두기

한시 내용 중 그 시의 출처나 시기에 따라 한 자나 두 자 다르게 전해지는 경우가 있습니다. 참고하고 보면 되겠습니다.

※ 본 책자의 모든 권리는 청자출판사에 있으며 무단으로 사용할 수 없습니다.

글씨본을 내면서...

긴 터널을 지나온 것 같다.
힘든 생활을 하면서도 붓을 잡고 있어서
취미가 되어 즐겁게 살았다.

서예 교실 강사로 있으면서 수강생들에게
몇만 번의 체본을 써 주었다.
그래도 전시회에 내려고 작품을 쓸 때
연습하지 않은 글자가 있으면
일일이 사전에서 찾아서 써야만 했다.
그런 불편함을 덜어 주려고 이 체본을 만들게 되었다.

작품에 주로 올리는 애송시를 선별하고
그 시의 전문과 해설을 곁들이고
초서체와 행서체로 정성을 들여 썼다.
이제 더 이상 작품을 쓸 때
사전을 찾지 않아도 되게 하였다.

평생을 썼어도 내 글씨체는 만들지 못하였지만
균간(均間), 균형(均衡), 어울림을 소중하게 생각했다.

초서는 손과정(孫過庭)체를
행서는 왕희지(王羲之)체를 연습했다.

이 글씨본이 배우는 분들에게 도움이 되기를 바랄 뿐이다.

계묘(癸卯)년 세모(歲暮)에 승천(昇泉)

이규삼(李揆三) 배(拜)

책 출판기념 전시회를 축하드리며...

작년 가을 무언가 열심히 하시는 아버지를 보았습니다. 컴퓨터로 직접 만든 문서 양식 위에 붓글씨를 쓰고 계셨습니다. 한국인들이 애송하는 한시로, 아버지 방식대로 풀이한 해설을 곁들인 빈칸에 한 자 한 자 정성을 가득 채워서 완성된 것이 40쪽 정도 되었습니다. 서예 강사인 아버지께서는 수강생들이 작품 하나 만들려고 사전에서 찾아야 하는 불편함을 덜어주고자 손수 만드는 중이셨습니다.

가만있을 수 없었습니다. 이런 귀한 자료가 그냥 글씨체본 낱장으로 이용되다가 휴지통으로 사라진다고 생각하니 마음이 급해졌습니다. 명필을 묶어서 '책'으로 만들어 드려야겠다고 다짐하였습니다.

막상 책으로 만들려고 하니 망설여지는 일이 하나둘이 아니었습니다. 검색도 해보고 여러 사람과 의견을 나누기도 했으나 긍정적인 답이 많지 않았습니다. 취미활동을 찾는 중장년층이 치매 예방으로 정신일도 되는 서예를 배우는 경우가 조금씩 늘고 있다는 기사를 보기는 했습니다.

근처 서예 전문서점에 들러 현실적인 조언도 들었습니다. '서예 하시는 분들은 다른 분야와 달라 개인의 일반적인 서체를 따라 쓰지 않아요. 유명한 명필가들의 글씨를 보고 따라 배웁니다'라고 했습니다. 고집들이 보통이 아니라며 절레절레 고개까지 흔드셨습니다.

그러나, '초서 교재는 흔하지 않습니다. 초서는 정말로 실력 있는 상급자들만 쓸 수 있는 서체이기 때문입니다'라며 '출판한다는 것은 대단한 도전이며 모험'이라고 하셨습니다.

    생각이 많아졌고, 포기되었다가 용기가 작아졌다가 새로이 깊이가 진해졌습니다. 그러다 아버지의 초심에 '헌정'이라는 마음으로 최종 결정하였습니다. 그동안 아버지께서는 42쪽을 더 완성하여 총 82쪽이 되었습니다. 또 초서뿐 아니라 행서로도 작업을 끝내 놓으셨습니다. 한시 내용을 확인하던 중 한 자나 두 자씩 다른 것들이 발견되었는데 아버지께서는 그 시의 출처나 시기에 따라 다르게 전해져 내려오는 것이니 그대로 하라고 하셨습니다.

    출판기념회는 처음부터 열어드리고 싶었습니다. 마침 섭외 장소가 갤러리여서 전시회도 겸해서 할 수 있게 되었습니다. 그동안 완성한 작품이 제법 되었는데 필요하신 분들에게 선물하시고 남은 게 몇 안 되었습니다. 대여섯 작품 더 준비하고 여기저기 흩어져 있는 아버지 젊은 시절 작품도 찾아 걸어야겠습니다. 복지관, 문화원 회원님들 모두의 기대도 크다고 들었습니다. 가족들도 설레며 행복하게 준비하고 있습니다.

    盡人事待天命(진인사대천명)!!!

    우리 가훈처럼 이제 기다리기만 하면 될 일입니다.

    평생 서예를 닦아 오신 아버지의 '초서애송한시'와 '행서애송한시' 출판기념 전시회를 진심으로 축하드립니다.

2024년 5월 4일
승천 선생님 셋째 딸 선형

오언절구

五言絶句

번호	작가		제목		첫음 구절	페이지
01	賈島	가도	尋隱者不遇	심은자불우	松下問童子	13
02	賈島	가도	題李凝幽居	제이응유거	閑居隣竝少	14
03	姜栢年	강백년	山行	산행	十里無人響	15
04	高青邱	고청구	尋胡隱者	심호은자	渡水復渡水	16
05	權韐	권겹	松都懷古	송도회고	雪月前朝色	17
06	陶淵明	도연명	勸學句	권학	盛年不重來	18
07	孟浩然	맹호연	春曉	춘효	春眠不覺曉	19
08	白居易	백거이	聞劉十九	문유십구	綠蟻新酷酒	20
09	白居易	백거이	雪夜	설야	已訝衾枕冷	21
10	西山大師	서산대사	踏雪	답설	踏雪野中去	22
11	王之煥	왕지환	登鸛鵲樓	등관작루	白日依山盡	23
12	柳宗元	유종원	江雪	강설	千山鳥飛絶	24
13	乙支文德	을지문덕	與隋將于仲文	여수장우중문	神策究天文	25
14	李奎報	이규보	詠井中月	영정중월	山僧貪月色	26
15	李達	이달	山寺	산사	寺在白雲中	27
16	李萬元	이만원	古意	고의	風定花猶落	28

오언절구 목차

번호	작가		제목		첫음 구절	페이지
17	李白	이백	獨坐敬亭山	독좌경정산	衆鳥高飛盡	29
18	李白	이백	靜夜思	정야사	床前明月光	30
19	李舜臣	이순신	在海陣營中	재해진영중	水國秋光暮	31
20	李舜臣	이순신	陣中吟	진중음 前四句	天步西門遠	32
21	李舜臣	이순신	陣中吟	진중음 後四句	西海魚龍動	33
22	李紳	이신	憫農	민농	春種一粒粟	34
23	李玉峰	이옥봉	閨情	규정	有約來何晚	35
24	李惟弘	이유홍	臘梅	납매	爲愛清香早	36
25	李惟弘	이유홍	寒暑	한서	寒至愛朝日	37
26	李仁老	이인로	山居	산거	春去花猶在	38
27	李滉	이황	溪堂偶興	계당우흥	掬泉注硯池	39
28	林悌	임제	閨怨	규원	十五越溪女	40
29	鄭夢周	정몽주	春興	춘흥	春雨細不滴	41
30	崔致遠	최치원	秋夜雨中	추야우중	秋風唯苦吟	42
31	洪柱世	홍주세	詠竹	영죽	澤畔有孤竹	43
32	黃景仁	황경인	冬夜	동야	空堂夜深冷	44

松下問童子 (송하문동자) 소나무 아래 동자에게 물으니
言師採藥去 (언사채약거) 말하기를 선생님은 약을 캐러 가셨는데
只在此山中 (지재차산중) 다만이 산중에 계시련만
雲深不知處 (운심부지처) 구름이 깊어 계신 곳을 모르겠네요.
錄 賈島 詩 尋隱者不遇 癸卯孟冬 昇泉 李揆三

閒居隣並少 (한거린병소) 이웃이 적어서 사는데 한가하고
草徑入荒園 (초경입황원) 풀이 난 샛길은 동산으로 든다.
鳥宿池邊樹 (조숙지변수) 새는 연못가 나무 위에서 잠자고
僧敲月下門 (승고월하문) 스님은 달 아래에서 문을 두드린다.

錄 賈島 詩 題李凝幽居 癸卯孟冬 昇泉 李揆三

十里無人響 (십리무인향) 십 리에 사람의 소리가 없고
山空春鳥啼 (산공춘조제) 산은 비었는데 봄새가 지저귄다.
逢僧問前路 (봉승문전로) 스님을 만나 앞길을 물어보았는데
僧去路還迷 (승거로환미) 스님이 가고 나니 길이 도리어 헷갈린다.

錄 姜栢年 詩 山行 癸卯孟冬 昇泉 李揆三

渡水復渡水 (도수복도수) 물을 건너고 다시 또 물을 건너고
看花還看花 (간화환간화) 꽃을 보고 돌아서서 또 꽃을 보고
春風江上路 (춘풍강상로) 봄바람 부는 강변 길
不覺到君家 (불각도군가) 자네 집에 다다른 줄도 몰랐네.

錄 高青邱 詩 尋胡隱者 癸卯孟秋 昇泉 李揆三

雪月前朝色 (설월전조색) 눈 위에 비치는 달빛은 전 왕조의 빛이요
寒鐘故國聲 (한종고국성) 차가운 종소리도 옛 나라의 소리이네
南樓愁獨立 (남루수독립) 시름에 잠겨 남쪽 누각에 홀로서니
殘郭暮煙生 (잔곽모연생) 허물어져 가는 성곽에 저녁연기가 피어오른다.

錄 權韕 詩 松都懷古 癸卯仲冬 昇泉 李揆三

盛年不重來 (성년부중래) 젊을 때는 거듭 오지 않고
一日難再晨 (일일난재신) 하루에는 새벽이 두번 오지 않는다
及時當勉勵 (급시당면려) 때가 되었을 때 마땅히 힘써라
歲月不待人 (세월부대인) 세월은 사람을 기다려 주지 않는다.

錄 陶淵明 詩句 勸學 癸卯孟秋 昇泉 李揆三

春眠不覺曉 (춘면불각효) 봄날 잠이 깊어 새벽이 온 줄 몰랐다.
處處聞啼鳥 (처처문제조) 곳곳에서 새소리 들린다.
夜來風雨聲 (야래풍우성) 밤내내 비바람 소리 들리고
花落知多少 (화락지다소) 꽃이 많이 떨어졌겠다.
錄 孟浩然 詩 春曉 癸卯孟冬 昇泉 李揆三

綠蟻新醅酒 (녹의신배주) 새로 빚은 술에 거품이 괴고
紅泥小火爐 (홍니소화노) 작은 화롯불이 가물가물하다.
晚來天欲雪 (만래천욕설) 늦게 오니 하늘에 눈이 오려는데
能飲一杯無 (능음일배무) 한잔도 남기지 말고 모두 마시자.

錄 白居易 詩 問劉十九 癸卯孟冬 昇泉 李揆三

已訝衾枕冷
復見窓戶明
夜深知雪重
時聞折竹聲
錄 白居易 詩 雪夜 癸卯孟冬 昇泉 李揆三

(이아금침냉) 벌써 이불이 차가워졌는가
(복견창호명) 다시 보니 창문이 밝구나.
(야심지설중) 밤이 깊도록 눈이 거듭 내려
(시문절죽성) 대나무 꺾어지는 소리 들리네.

踏雪野中去 (답설야중거) 눈을 밟고 들판 갈 때
不須胡亂行 (불수호란행) 모름지기 어지러이 가지 마라
今日我行跡 (금일아행적) 오늘 나의 발자국을
遂作後人程 (수작후인정) 뒤에 사람이 밟고 가리니

錄 西山大師 詩 踏雪 癸卯孟秋 昇泉 李揆三

白日依山盡(백일의산진) 밝은 해는 산 등을 넘어가고
黃河入海流(황하입해류) 황하강물은 바다로 흘러든다·
欲窮千里目(욕궁천리목) 천리 끝까지 모두 궁구해 보려고
更上一層樓(갱상일층루) 다시 한층 누각에 오른다·
錄 王之煥 詩 登鸛鵲樓 癸卯孟冬 昇泉 李揆三

千山鳥飛絶 (천산조비절) 모든 산새들은 둥지로 돌아가고
萬徑人蹤滅 (만경인종멸) 많은 길에는 사람 자취 끊어졌다.
孤舟蓑笠翁 (고주사립옹) 외로운 배 도롱이 두르고 삿갓 쓴 늙은이가
獨釣寒江雪 (독조한강설) 눈 쌓인 추운 강에서 낚시 드리웠다.
錄 柳宗元 詩 江雪 癸卯孟秋 昇泉 李揆三

神策究天文 (신책구천문) 신 같은 계책은 하늘을 궁구했고
妙算窮地理 (묘산궁지리) 한 계산은 지리를 통달했다.
戰勝功旣高 (전승공기고) 전쟁에 이기고 공이 이미 높았으니
知足願云止 (지족원운지) 만족함을 알았으면 그만 그쳐주기를 바란다.

錄 乙支文德 詩 與隋將于仲文 癸卯孟冬 昇泉李撲三

山僧貪月色 (산승탐월색) 산사에 스님이 달빛을 탐하여
幷汲一瓶中 (병급일병중) 달과 물을 함께 병 속에 길렀다.
到寺方應覺 (도사방응각) 절에 도착하여 바야흐로 깨닫고 보니
瓶傾月亦空 (병경월역공) 병을 기울이자 달도 또한 없어졌다네.

錄 李奎報 詩 詠井中月 癸卯仲冬 昇泉 李揆三

寺在白雲中 (사재백운중) 절이 흰 구름 속에 있는데
白雲僧不掃 (백운승불소) 흰 구름을 스님은 쓸지 않았네
客來門始開 (객래문시개) 손님이 와서야 문을 처음 여니
萬壑松花老 (만학송화노) 골짜기마다 송홧가루 날리네.

錄 李達 詩 山寺 癸卯仲冬 昇泉 李揆三

風定花猶落
鳥鳴山更幽
天共白雲曉
水和明月流

風定花猶落 (풍정화유락) 바람이 고요한데 꽃은 오히려 떨어지고
鳥鳴山更幽 (조명산갱유) 새가 지저귀는데 산은 다시 고요하다·
天共白雲曉 (천공백운효) 하늘에 흰 구름 낀 새벽
水和明月流 (수화명월류) 잔잔한 물에 밝은 달이 흘러간다·

錄 李萬元 詩 古意 癸卯孟秋 昇泉 李揆三

衆鳥高飛盡
孤雲獨去閑
相看兩不厭
只有敬亭山

衆鳥高飛盡 (중조고비진) 많은 새들이 높이 모두 날아가고
孤雲獨去閑 (고운독거한) 구름 한 조각 한가롭구나·
相看兩不厭 (상간양불염) 서로 보아도 둘이 싫어하지 않는 것
只有敬亭山 (지유경정산) 다만 경정산이 있을 뿐이다·
錄 李白 詩 獨坐敬亭山 癸卯孟冬 昇泉 李揆三

床前明月光 (상전명월광) 침상 앞에 밝은 달빛 비추니
疑是地上霜 (의시지상상) 마당 위에 서리가 아닌가?
擧頭望山月 (거두망산월) 머리 들어 산 위에 달을 바라보고
低首思故鄕 (저수사고향) 고개 숙여 고향을 생각한다.

錄 李白 詩 靜夜思 癸卯孟秋 昇泉 李揆三

水國秋光暮 (수국추광모) 물나라에 가을빛이 저무니
驚寒鴈陣高 (경한안진고) 찬바람에 놀란 기러기 높이 날아간다.
憂心輾轉夜 (우심전전야) 걱정하는 마음 뒤척이는 밤에
殘月照弓刀 (잔월조궁도) 새벽달이 활과 칼에 비추다.

錄 李舜臣 詩 在海陣營中 癸卯孟秋 昇泉 李揆三

壯	孤	東	天
士	臣	宮	步
樹	憂	北	西
勳	國	地	門
時	日	危	遠

天步西門遠 (천보서문원) 임금의 행차는 서문에서 멀어지고
東宮北地危 (동궁북지위) 세자는 북쪽 땅에서 위태롭다.
孤臣憂國日 (고신우국일) 외로운 신하는 나라를 걱정할 날이요
壯士樹勳時 (장사수훈시) 장수는 공훈을 세울 때로다.

錄 李舜臣 詩 陣中吟 (前四句) 癸卯仲冬 昇泉 李撰三

誓海魚龍動 (서해어룡동) 바다에 맹세하니 어룡이 감동하고
盟山草木知 (맹산초목지) 산에 맹세하니 초목이 알아준다.
讐夷如盡滅 (수리여진멸) 원수의 오랑캐 모두 섬멸한다면
雖死不爲辭 (수사불위사) 모름지기 죽음도 사양하지 않으리.

錄 李舜臣 詩 陣中吟 (後四句) 癸卯仲冬 昇泉 李揆三

李舜臣(이순신) 陣中吟(진중음) 後四句

春種一粒粟 (춘종일립속) 봄에 한 알의 곡식을 심어
秋收萬顆子 (추수만과자) 가을에 만 배의 곡식을 거둔다
四海無閒田 (사해무한전) 사방에 노는 땅이 없는데
農夫猶餓死 (농부유아사) 농부는 오히려 굶어 죽는다.

錄 李紳 詩 憫農 癸卯仲冬 昇泉 李揆三

有約來何晚
庭梅欲謝時
忽聞枝上鵲
虛花鏡中眉

有約來何晚 (유약내하만) 온다고 약속하고 왜 이리 늦으시는가요
庭梅欲謝時 (정매욕사시) 마당의 매화는 지려고 한다오.
忽聞枝上鵲 (홀문지상작) 홀연 가지 위에 까치 소리 들리고
虛花鏡中眉 (허화경중미) 허전한 마음 거울 보고 눈썹 그린다.

錄 李玉峰 詩 閨情 癸卯仲冬 昇泉 李揆三

李玉峰(이옥봉) 閨情(규정)

吾愛清香早 (오애청향조) 내가 맑은 향기 일찍이 좋아하여
移栽入室中 (이재입실중) 방안에 들여 심었더니
排冬花影雪 (배동화영설) 겨울을 밀어내고 꽃을 눈에 비추니
還愧奪春工 (환괴탈춘공) 봄의 공덕 빼앗아 부끄럽구나.

錄 李惟弘 詩 臘梅 癸卯孟冬 昇泉 李揆三

寒至愛朝日 (한지애조일) 추울 때는 아침 햇살이 좋았는데
暑來憐夕陰 (서래연석음) 더위가 오니 저녁 그늘이 그리워진다.
天工亦多事 (천공역다사) 하느님 하는 일 많고 많아서
不得滿人心 (부득만인심) 사람의 마음을 모두 채워줄 수 없구나!

錄 李惟弘 詩 寒暑 癸卯孟秋 昇泉 李揆三

春去花猶在
天晴谷自陰
杜鵑啼白晝
始覺卜居深

春去花猶在 (춘거화유재) 봄은 가는데 오히려 꽃이 피고
天晴谷自陰 (천청곡자음) 하늘이 맑은데 골짜기는 그늘졌다.
杜鵑啼白晝 (두견제백주) 뻐꾸기는 밝은 낮에도 울고
始覺卜居深 (시각복거심) 깊은 곳에 산다는 걸 처음 알았다.

錄 李仁老 詩 山居 癸卯仲冬 昇泉 李揆三

掬泉注硯池 (국천주연지) 샘물을 움켜다가 벼루에 채우고
閑坐寫新詩 (한좌사신시) 한가로이 앉아 새 시를 쓴다.
自適幽居趣 (자적유거취) 한가하고 마땅한 그윽한 취미
何論知不知 (하론지부지) 누가 맞다 그르다 논할 것인가.
錄 李滉 詩 溪堂偶興 癸卯孟秋 昇泉 李揆三

十五越溪女(십오월계녀) 열다섯 개울 건너 처녀가
羞人無語別(수인무어별) 남이 부끄러워 말 못하고 헤어지고서
歸來掩重門(귀래엄중문) 집으로 돌아와 문을 굳게 닫고
泣向梨花月(읍향이화월) 배꽃 위에 달을 보고 울고 있구나.

錄 林悌 詩 閨怨 癸卯仲冬 昇泉 李揆三

春雨細不滴 (춘우세부적) 봄비 가늘어 방울 짓지 못하고
夜中微有聲 (야중미유성) 한밤중 작은 빗소리 들린다.
雪盡南溪漲 (설진남계창) 눈 녹아 남쪽 개울물이 불어나고
草芽多少生 (초아다소생) 새싹이 많이도 돋아났겠다.

錄 鄭夢周 詩 春興 癸卯孟冬 昇泉 李揆三

秋風惟苦吟 (추풍유고음) 가을바람은 괴로운 소리를 내고
世路少知音 (세로소지음) 세상에는 나를 알아주는 이 드물다.
窓外三更雨 (창외삼경우) 창밖에는 깊은 밤, 비가 내리고
燈前萬里心 (등전만리심) 등불 앞에는 마음이 만리 밖에 있다.

錄 崔致遠 詩 秋夜雨中 癸卯孟秋 昇泉 李揆三

澤畔有孤竹 (택반유고죽) 못가에 외로운 대나무
霜梢秀衆林 (상초수중림) 서리맞은 회초리, 숲에 빼어나다.
斜陽雖萬變 (사양수만변) 해가 비록 몇만 번 변하여도
終不改淸陰 (종불개청음) 푸른 그늘은 끝내 변하지 않네.

錄 洪柱世 詩 詠竹 癸卯孟秋 昇泉 李揆三

空堂夜深冷
欲掃庭中霜
掃霜難掃月
留取伴明光

空堂夜深冷 (공당야심냉) 빈집에 밤 깊으니 서늘하구나.
欲掃庭中霜 (욕소정중상) 마당 가운데 서리를 쓸려고 하나!
掃霜難掃月 (소상난소월) 서리는 쓸리는데 달빛은 쓸리지 않아
留取伴明光 (유취반명광) 밝은 달빛은 벗으로 머물게 하리.

錄 黃景仁 詩 冬夜 癸卯孟冬 昇泉 李揆三

44 黃景仁(황경인) 冬夜(동야)

칠언절구
七言絶句

번호	작가		제목		첫음 구절	페이지
01	金炳淵	김병연	無題	무제	四卻松盤粥一器	51
02	吉再	길재	閒居	한거	臨溪茅屋獨閒居	52
03	南怡	남이	北征歌	북정가	白頭山石磨刀盡	53
04	杜牧	두목	山行	산행	遠山寒山石徑斜	54
05	杜牧	두목	淸明	청명	淸明時節雨紛紛	55
06	杜牧	두목	秋夕	추석	銀燭秋光冷畫屛	56
07	無名氏	무명씨	別情人	별정인	興仁門外無名巷	57
08	杜甫	두보	江村	강촌 前四句	淸江一曲抱村流	58
09	杜甫	두보	江村	강촌 後四句	老妻畫紙圍碁局	59
10	朴趾源	박지원	燕巖憶先兄	연암억선형	我兄顔髮曾誰似	60
11	方覲	방근	子規啼	자규제	平羌江口江水淸	61
12	白居易	백거이	村夜	촌야	霜草蒼蒼蟲切切	62
13	徐居正	서거정	溪聲	계성	聒聒巖流日夜鳴	63
14	徐居正	서거정	菊花不開悵然有作	국화부개창연유작	佳菊今年開較遲	64
15	西山大師	서산대사	解脫詩	해탈시	生也一片浮雲起	65

칠언절구 목차

번호	작가		제목	첫음 구절		페이지
16	宋翼弼	송익필	望月	망월	未圓常恨就圓遲	66
17	宋翼弼	송익필	山行	산행	無心進取坐忘行	67
18	申師任堂	신사임당	踰大關嶺望親庭	유대관령망친정	慈親鶴髮在臨瀛	68
19	申欽	신흠	野言	야언	桐千年老恒藏曲	69
20	王維	왕유	送元二使安西	송원이사안서	渭城朝雨浥輕塵	70
21	袁牧	원목	偶見	우견	柳絮風吹上樹枝	71
22	劉希慶	유희경	月溪途中	월계도중	山含雨氣水生煙	72
23	李揆三	이규삼	勞則健	노칙건	汲水多事努炊女	73
24	李揆三	이규삼	杏花初見	행화초견	還甲初見杏花發	74
25	李夢龍 ※춘향전 중	이몽룡	與卞使道	여변사도	金樽美酒千人血	75
26	李白	이백	登金陵鳳凰臺	등금릉봉황대 前四句	鳳凰臺上鳳凰遊	76
27	李白	이백	登金陵鳳凰臺	등금릉봉황대 後四句	晉代衣冠成古丘	77
28	李白	이백	山中問答	산중문답	問余何事棲碧山	78
29	李白	이백	山中與有人對酌	산중여유인대작	兩人對酌山花開	79
30	李白	이백	春夜洛城聞笛	춘야락성문적	誰歌玉笛暗飛聲	80

번호	작가		제목		첫음 구절	페이지
31	李白	이백	樓送孟浩然之廣陵	황학루송맹호연지광릉	故人西辭黃鶴樓	81
32	李成桂	이성계	登白雲峯	등백운봉	引手攀蘿上碧峯	82
33	李成桂	이성계	馬耳山	마이산	天馬東來勢已窮	83
34	李玉峰	이옥봉	自述	자술	若使夢魂行由跡	84
35	李惟弘	이유홍	紀信	기신	刻乘黃屋出城門	85
36	李惟弘	이유홍	書安東驛	서안동역	赤壁黃岡蘇子宅	86
37	林慶業	임경업	劒銘	검명	三尺龍泉萬券書	87
38	張繼	장계	楓橋夜泊	풍교야박	月落烏蹄霜滿天	88
39	張籍	장적	秋思	추사	洛陽城裏見秋風	89
40	鄭道傳	정도전	訪金居士野去	방김거사야거	秋陰漠漠四山空	90

칠언절구 목차

번호	작가		제목		첫음 구절	페이지
41	鄭知常	정지상	送人	송인	大同江水何時盡	91
42	鄭澈	정철	詠懷	영회	三千里外美人在	92
43	趙浚	조준	安州懷古	안주회고	薩水湯湯瀁碧虛	93
44	朱熹	주희	勸學文	권학문	少年易老學難城	94
45	陳澕	진화	春興	춘흥	小梅零落柳僛垂	95
46	崔冲	최충	絶句	절구	滿庭月色無煙燭	96
47	韓愈	한유	過鴻溝	과홍구	龍疲虎困割川原	97
48	許蘭雪軒	허난설헌	採蓮曲	채련곡	秋庭長湖碧玉流	98
49	李揆三	이규삼	銘倫	명륜	溫故知新博學問	99
50	李揆三	이규삼	婚姻盟誓	혼인맹서	唯一心至誠盟誓	100

四脚松盤粥一器 (사각송반죽일기) 네 다리 소반에 죽 한 그릇
天光雲影共徘徊 (천광운영공배회) 하늘과 구름이 같이 노닌다.
主人莫道無顔色 (주인막도무안색) 주인은 무안하다 말하지 마시오.
吾愛青山倒水來 (오애청산도수래) 나는 청산이 거꾸로 비추는 것을 좋아합니다.

錄 金炳淵 詩 無題 癸卯仲秋 昇泉 李揆三

臨溪茅屋獨閑居
月白清風興有餘
外客不來山鳥語
移床竹塢臥看書

臨溪茅屋獨閑居 (임계모옥독한거) 시냇가 초가집에 혼자 한가히 사는데
月白清風興有餘 (월백청풍흥유여) 달이 밝고 맑은 바람 불어 오면 흥이 넘친다.
外客不來山鳥語 (외객불래산조어) 손님은 오지 않고 산새가 지저귀는데
移床竹塢臥看書 (이상죽오와간서) 침상을 대나무 그늘에 옮기고 누워서 책을 읽는다.

錄 吉再 詩 閑居 癸卯仲冬 昇泉 李揆三

白頭山石磨刀盡 (백두산석마도진) 백두산의 돌은 칼을 갈아 없애고
豆滿江水飮馬無 (두만강수음마무) 두만강의 물은 말을 먹여 없앤다.
男兒二十未平國 (남아이십미평국) 남자 스물에 나라를 평안하게 하지 못하면
後世誰稱大丈夫 (후세수칭대장부) 후세에 그 누가 대장부라 하리오.

錄 南怡 詩 北征歌 癸卯孟秋 昇泉 李揆三

遠上寒山石徑斜
白雲生處有人家
停車坐愛楓林晚
霜葉紅於二月花

遠上寒山石徑斜 (원상한산석경사) 멀리 한산에 오르는 비탈진 돌길
白雲生處有人家 (백운생처유인가) 흰 구름 이는 곳에 마을이 있다·
停車坐愛楓林晚 (정거좌애풍림만) 수레 멈추고 늦은 단풍 사랑하나니
霜葉紅於二月花 (상엽홍어이월화) 서리 맞은 단풍 이월 꽃보다 붉어라·

錄 杜牧 詩 山行 癸卯孟秋 昇泉 李揆三

清明時節雨紛紛
路上行人欲斷魂
借問酒家何處在
牧童遙指杏花村

(청명시절우분분)
(노상행인욕단혼)
(차문주가하처재)
(목동요지행화촌)

청명 때에 비가 부슬부슬 내리니
길가는 나그네 영혼을 끊으려고 하네
주막이 어디냐고 물어 보았더니
목동이 멀리 가리키는 곳 살구꽃이 고웁다.

錄 杜牧 詩 清明 癸卯孟秋 昇泉 李揆三

銀燭秋光冷畫屏
輕羅小扇撲流螢
天際夜色涼如水
坐看牽牛織女星

銀燭秋光冷畫屏 (은촉추광냉화병) 은촛대 가을빛 꽃 병풍도 춥고
輕羅小扇撲流螢 (경라소선박류형) 비단 작은 부채에 나르는 반딧불을 잡았다.
天際夜色涼如水 (천제야색량여수) 하늘 가 밤 빛깔이 물과 같이 차가운데
坐看牽牛織女星 (좌간견우직녀성) 앉아서 견우 직녀성을 본다.

錄 杜牧 詩 秋夕 癸卯 仲冬 昇泉 李揆三

興仁門外無名巷 (흥인문외무명항) 동대문 밖 이름 없는 동네
一帶沙川五柳斜 (일대사천오류사) 이 근방 모래내에 다섯 그루 버드나무가 늘어져
墻北墻南花下路 (장북장남화하로) 담장 북쪽에도 담장 남쪽에도 꽃 아래 길인데
前三後七是吾家 (전삼후칠시오가) 앞으로 세 집 뒤로 일곱 번째 집이 우리 집이요.

錄 無名氏 詩 別情人 癸卯仲冬 昇泉 李揆三

無名氏(무명씨) 別情人(별정인)

清江一曲抱村流
長夏江村事事幽
自去自來堂上燕
相親相近水中鷗

清江一曲抱村流 (청강일곡포촌류) 맑은 강 한 구비 마을 안고 흐르고
長夏江村事事幽 (장하강촌사사유) 긴 여름 강마을엔 일마다 그윽하다.
自去自來堂上燕 (자거자래당상연) 스스로 가고 오는 지붕 위에 제비요
相親相近水中鷗 (상친상근수중구) 서로 친한 듯 가까운 듯 물 가운데 갈매기

錄 杜甫 詩 江村 (前四句) 癸卯 仲秋 昇泉 李揆三

微	多	稚	老
軀	病	子	妻
此	所	敲	畫
外	須	針	紙
更	唯	作	爲
何	藥	釣	棋
求	物	鈎	局

老妻畫紙爲棋局 (노처화지위기국) 늙은 아내는 종이에 장기판을 그리고
稚子敲針作釣鈎 (치자고침작조구) 어린 아들은 바늘을 구부려 낚시를 만든다.
多病所須唯藥物 (다병소수유약물) 많은 병에는 모름지기 약물뿐인데
微軀此外更何求 (미구차외갱하구) 작은 몸 이것밖에 다시 무엇을 구하리오.
錄 杜甫 詩 江村 (後四句) 癸卯仲秋 昇泉 李揆三

我兄顏髮曾誰似
每憶先君看我兄
今日思兄何處見
自將巾袂映溪行

錄 朴趾源 詩 燕巖憶先兄 癸卯仲秋 昇泉 李埈三

平羌江口江水清 (평강강구강수청) 평강강 어귀에 물은 맑기도 하고
峨眉山頭山月明 (아미산두산월명) 아미산 머리에 달은 밝기도 하다.
江樓望月人未寢 (강루망월인미침) 강 누각에서 달을 보다가 미처 잠들지 못하고
腸斷子規啼一聲 (장단자규제일성) 애끊는 소쩍새 소리 또 한 번 운다.

錄 方覲 詩 子規啼 癸卯仲冬 昇泉 李揆三

霜草蒼蒼蟲切切　(상초창창충절절)
村南村北行人絶　(촌남촌북행인절) 마을 남쪽 북쪽 인적이 끊어졌다.
獨出門前望野田　(독출문전망야전) 홀로 문 앞에 나가 들 밭을 바라보니
月出蕎麥花如雪　(월출교맥화여설) 달이 뜨자 메밀꽃이 눈이 온 듯하구나.

錄 白居易 詩　村夜 癸卯仲秋 昇泉 李揆三

聒聒巖流日夜鳴
如悲如怨又如爭
世間多少銜怨事
訴向蒼天情未平

聒聒巖流日夜鳴（괄괄암류일야명）괄괄 바위 사이 흐르며 밤낮으로 운다.
如悲如怨又如爭（여비여원우여쟁）슬픔 소리 같고 원망 소리 같고 또 다투는 소리 같다.
世間多少銜怨事（세간다소함원사）세상 사는데 가슴 속 많고 적은 원망들
訴向蒼天情未平（소향창천정미평）하늘 향해 호소해도 편안하지 않은 마음

錄 徐居正 詩 溪聲 癸卯仲秋 昇泉 李揆三

佳菊今年開較遲
一秋清興漫東籬
西風大是無情思
不入黃花入鬢絲

佳菊今年開較遲 (가국금년개교지) 아름다운 국화 올해는 더디게 피는데
一秋清興漫東籬 (일추청흥만동리) 한가을 맑은 흥취 동쪽 울타리에 퍼질 텐데
西風大是無情思 (서풍대시무정사) 서풍은 참으로 무정도 하지
不入黃花入鬢絲 (불입황화입빈사) 노란 꽃에 들지 않고 귀밑 수염에 들었다.

錄 徐居正 詩 菊花不開悵然有作 癸卯仲秋 昇泉 李揆三

生也一片浮雲起 (생야일편부운기) 삶은 한 조각 뜬구름이 생겨남이요
死也一片浮雲滅 (사야일편부운멸) 죽음이란 한 조각 뜬구름이 없어짐이라.
浮雲自體本無實 (부운자체본무실) 뜬구름은 그 몸이 본래 실체가 없는데
生死去來亦如然 (생사거래역여연) 삶과 죽음이 또한 그러한 것이다.

錄 西山大師 詩 解脫詩 癸卯仲秋 昇泉 李揆三

西山大師(서산대사) 解脫詩(해탈시)

未圓常恨就圓遲
圓後如何易就虧
三十夜中圓一夜
百年心事總如斯

錄 宋翼弼 詩 望月 癸卯仲冬 昇泉 李挨三

無心進取坐忘行 (무심진취좌망행) 무심히 산길을 오르다가 앉았더니 갈 길을 잃었다.
秣馬松陰聽水聲 (말마송음청수성) 소나무 아래에서 말은 꼴을 뜯고 물소리 들린다.
後我幾人先此路 (후아기인선차로) 훗날 내가 몇 사람보다 먼저 걸었을까?
各歸其止又何爭 (각귀기지우하쟁) 그만 그치고 돌아가자. 무엇을 다투겠는가.

錄 宋翼弼 詩 山行 癸卯仲秋 昇泉 李揆三

慈親鶴髮在臨瀛
身向長安獨去情
回首北平時一望
白雲飛下暮山青

慈親鶴髮在臨瀛 (자친학발재임영) 흰머리 어머님은 강릉(임영)에 계시는데
身向長安獨去情 (신향장안독거정) 혼자서 서울로 가는 안타까운 마음이여!
回首北平時一望 (회수북평시일망) 머리 돌려 북평을 한번 바라보니
白雲飛下暮山青 (백운비하모산청) 흰 구름 나는 아래 저무는 산이 푸르르다.

錄 申師任堂 詩 踰大關嶺望親庭 癸卯仲秋 昇泉 李揆三

68　申師任堂(신사임당) 踰大關嶺望親庭(유대관령망친정)

桐千年老恒藏曲 (동천년노항장곡) 오동나무는 천년을 늙어도 곡조를 간직하고
梅一生寒不賣香 (매일생한불매향) 매화는 추운데 살아도 향기를 팔지 않는다.
月到千虧餘本質 (월도천휴여본질) 달은 천번을 변하여도 본바탕은 남아있고
柳經百別又新枝 (유경백별우신지) 버드나무는 백번 꺾여도 새로운 가지가 나온다.
錄 申欽 詩 野言 癸卯孟秋 昇泉 李揆三

渭城朝雨浥輕塵 (위성조우읍경진) 위성의 아침 비가 길 위에 먼지를 재우고
客舍青青柳色新 (객사청청유색신) 객사에 버드나무 새롭게 푸르르다.
勸君更進一盃酒 (권군갱진일배주) 그대에게 한잔 술 다시 권하노니
西出陽關無故人 (서출양관무고인) 서쪽 양관에 나아가면 친구가 없으리.

錄 王維 詩 送元二使安西 癸卯孟秋 昇泉 李挨三

王維(왕유) 送元二使安西(송원이사안서)

柳絮風吹上樹枝（유서풍취상수지）버들 솜이 바람에 날려 나뭇가지에 오르고
桃花風送落淸池（도화풍송낙청지）복사꽃은 바람에 날려 맑은 연못에 떨어진다.
升沈好像春風意（승침호상춘풍의）오르고 잠기는 모양이 좋은 것은 봄바람의 뜻인데
及問春風風不知（급문춘풍풍부지）봄바람에 물어보아도 바람은 알지 못한다.
錄 袁牧 詩 偶見 癸卯仲冬 昇泉 李揆三

山舍雨氣水生煙
青草湖邊白鷺眠
路入海棠花下轉
滿枝香雪落揮鞭

(산함우기수생연) 산은 우기를 머금고 물안개가 피어난다.
(청초호변백로면) 호숫가 푸른 풀 위에 백로가 졸음 겹다.
(로입해당화하전) 길에 들어서 해당화 아래를 굴러가니
(만지향설락휘편) 가지에 향기 가득한데 눈이 내려 말을 재촉한다.

錄 劉希慶 詩 月溪途中 癸卯仲冬 昇泉 李揆三

汲水多事努炊女(급수다사노취녀) 물 긷고 많은 일하는 식모가
勞得健康善於姑(노득건강선어고) 수고하여 얻은 건강 마님보다 좋고
斫木掃灑勞場父(작목소쇄노장보) 나무 패고 마당 쓰는 마당 아범이
使役壯肢健於主(사역장지건어주) 일하여 장한 몸이 주인보다 건강하다.

錄 李揆三 詩 勞卽健 癸卯仲秋 昇泉 李揆三 自吟

還甲初見杏花發 (환갑초견행화발) 환갑이 되어 은행꽃 핀 것을 처음 보았네.
神奇希結每臨察 (신기희결매임찰) 신기하여 열매 보러 매번 살폈네.
花發之木無杏實 (화발지목무행실) 꽃 피었던 나무에는 은행이 없고
無花之木萬萬實 (무화지목만만실) 꽃이 없었던 나무에 가득히 열렸다.

錄 李揆三 詩 杏花初見 癸卯仲秋 昇泉 李揆三 自吟

金樽美酒千人血 (금준미주천인혈) 금술 통에 좋은 술은 천 사람의 피요
玉盤佳肴萬姓膏 (옥반가효만성고) 옥쟁반에 아름다운 안주는 만백성의 기름이다.
燭淚落時民淚落 (촉루락시민루락) 촛불 눈물 떨어질 때 백성의 눈물 떨어지고
歌聲高處怨聲高 (가성고처원성고) 노랫소리 높은 곳에 원망 소리 높다.

錄 李夢龍 詩 與卞府使 癸卯仲秋 昇泉 李撲三

춘향전 중 李夢龍(이몽룡) 與卞使道(여변사도)

鳳凰臺上鳳凰遊 (봉황대상봉황유) 봉황대 누대에 봉황이 놀았는데
鳳去臺空江自流 (봉거대공강자류) 봉황은 가고 누대는 비고 강물은 저절로 흐른다.
吳宮花草埋幽徑 (오궁화초매유경) 오나라 궁궐의 미인들은 길가에 고요히 묻히고
晉代衣冠成古丘 (진대의관성고구) 진나라 벼슬아치는 옛 언덕이 되었도다.

錄 李白 詩 登金陵鳳凰臺 (前四句) 癸卯仲秋 昇泉 李揆三

76 李白(이백) 登金陵鳳凰臺(등금릉봉황대)前四句

三山半落青天外
二水中分白鷺洲
總爲浮雲能蔽日
長安不見使人愁

三山半落青天外 (삼산반락청천외) 산은 떨어져 푸른 하늘가에 있고
二水中分白鷺洲 (이수중분백로주) 두 물 가운데 백로주가 있도다·
總爲浮雲能蔽日 (총위부운능폐일) 뜬구름 모두가 능히 해를 가리니
長安不見使人愁 (장안불견사인수) 장안성 보이지 않아 시름겹도다·

錄 李白 詩 登金陵鳳凰臺 (後四句) 癸卯仲秋 昇泉 李挨三

問余何事棲碧山
笑而不答心自閑
桃花流水杳然去
別有天地非人間

問余何事棲碧山 (문여하사서벽산) 나에게 왜 푸른 산에 사느냐기에
笑而不答心自閑 (소이부답심자한) 빙그레 웃고 대답하지 않았네.
桃花流水杳然去 (도화유수묘연거) 복사꽃 아득히 물에 떠가고
別有天地非人間 (별유천지비인간) 별다른 세상 신선이 사는 세상인가.

錄 李白 詩 山中問答 癸卯孟秋 昇泉 李揆三

兩人對酌山花開
一盃一盃復一盃
我醉欲眠卿且去
明朝有意抱琴來

兩人對酌山花開 (양인대작산화개) 둘이 술을 마시는데 산에 꽃은 피고
一盃一盃復一盃 (일배일배부일배) 한 잔 한 잔 다시 또 한 잔
我醉欲眠卿且去 (아취욕면경차거) 나는 취하여 졸리오. 그대는 갔다가
明朝有意抱琴來 (명조유의포금래) 내일 아침 오고 싶으면 거문고 안고 오시오.

錄 李白 詩 山中與幽人對酌 癸卯仲秋 昇泉 李揆三

誰歌玉笛暗飛聲 (수가옥적암비성) 그 누가 옥적을 부는가 어둠 속에 날리는 소리
散入春風滿洛城 (산입춘풍만락성) 봄바람에 실려 낙양성에 가득하도다.
此夜曲中聞折柳 (차야곡중문절류) 이 곡 중에 문절류가 있으니
何人不起故園情 (하인불기고원정) 누구인들 고향 생각 나지 않으랴.

錄 李白 詩 春夜洛陽聞笛 癸卯孟冬 昇泉 李揆三

80 李白(이백) 春夜洛城聞笛(춘야락성문적)

故人西辭黃鶴樓 (고인서사황학루) 친구는 서쪽으로 황학루에서 작별하니
煙花三月下楊州 (연화삼월하양주) 안개꽃 피어나는 3월 양주로 내려갔다.
孤帆遠影碧山盡 (고범원영벽산진) 외로운 돛단배 멀리 그림자도 푸른 산도 사라지고
惟見長江天際流 (유견장강천제류) 오직 보이는 것은 하늘가에 닿아있는 장강뿐.

錄 李白 詩 黃鶴樓送孟浩然之廣陵 癸卯仲冬 昇泉 李揆三

李白(이백) 樓送孟浩然之廣陵(황학루송맹호연지광릉)

引手攀蘿上碧峯
一菴高臥白雲中
若將眼界爲吾土
楚越江南豈不容

引手攀蘿上碧峯 (인수반라상벽봉) 칡넝쿨 휘어잡고 푸른 봉우리에 올라 보니
一菴高臥白雲中 (일암고와백운중) 한 암자가 흰 구름 가운데 누워 있다·
若將眼界爲吾土 (약장안계위오토) 만약 눈에 보이는 세계가 나의 땅이 된다면
楚越江南豈不容 (초월강남기불용) 강남의 초나라 월나라인들 어찌 용납하지 않으랴·

錄 李成桂 詩 登白雲峯 癸卯仲秋 昇泉 李揆三

天馬東來勢已窮 (천마동래세이궁)
霜蹄未涉蹶途中 (상제미섭궐도중)
涓人買骨遺其耳 (연인매골유기이)
化作雙峯屹半空 (화작쌍봉흘반공)

錄 李成桂 詩 馬耳山 癸卯仲秋 昇泉 李揆三

천마 상제가 동쪽으로 올 때 기운이 다하여
천마 상제가 길을 건너지 못하고 쓰러졌다.
장사꾼이 뼈는 모두 사가고 두 귀만 남기니
두 귀가 변하여 두 봉우리가 공중에 우뚝 솟았다.

近來安否問如何 (근래안부문여하) 요즘 안부는 어떠하신지 문의 하오니
月到紗窓妾恨多 (월도사창첩한다) 달빛은 창문을 비추고 저는 그리움이 많습니다.
若使夢魂行遺跡 (약사몽혼행유적) 만약 꿈속에 혼백이 다닌 자취 있다면
門前石路半成砂 (문전석로반성사) 문 앞에 돌 길이 반은 모래가 되었을 것이오.

錄 李玉峰 詩 自述 癸卯仲秋 昇泉 李揆三

84 李玉峰(이옥봉) 自述(자술)

却乘黃屋出城門 (각승황옥출성문) 문득 황옥마를 타고 성문을 나섰다.
萬古長嗟未死魂 (만고장차미사혼) 아직도 만고에 죽지 않은 영혼이여
天下未應三傑力 (천하미응삼걸력) 천하에는 아직 소화 장량 한신이 없던 때인데
壁間誰畫紀信勳 (벽간수화기신훈) 벽 사이에 누가 그려 놓았는가? 기신의 공훈을
錄 李惟弘 詩 紀信 癸卯仲冬 昇泉 李揆三

赤壁黃岡蘇子宅 (적벽황강소자댁) 붉은 언덕 누런 산 소 선생 댁에
淸川白石謫仙居 (청천백석적선거) 맑은 냇물 하이얀 돌 귀양객이 산다.
莫將兩地誇奇勝 (막장양지과기승) 두 곳에 아름다운 경치 자랑하지 말라
綠竹靑梅此有餘 (녹죽청매차유여) 푸른 대나무 푸른 매화가 이에 더 있으니

錄 李惟弘 詩 書安東驛 癸卯仲冬 昇泉 李揆三

三尺龍泉萬卷書 (삼척용천만권서) 석 자의 용천검을 연마하고 만권의 책을 읽었다.
皇天生我意如何 (황천생아의여하) 하늘이 날 태어나게 한 뜻은 무엇일까?
山東宰相山西將 (산동재상산서장) 산의 동쪽에서 재상이 나고 산의 서쪽에선 장군이 난다는데
彼丈夫兮我丈夫 (피장부혜아장부) 저들이 장부냐 나도 장부다.

錄 林慶業 詩 劍銘 癸卯孟秋 昇泉 李揆三

月落烏啼霜滿天 (월락오제상만천) 달은 지고 까마귀 울고 서리가 하늘에 가득한데
江楓漁火對愁眠 (강풍어화대수면) 강에 단풍잎은 고기잡이 불을 마주하고 졸고 있구나!
姑蘇城外寒山寺 (고소성외한산사) 고소성 밖 한산사에서
夜半鐘聲到客船 (야반종성도객선) 한밤중 종소리가 배에까지 들린다.
錄 張繼 詩 楓橋夜泊 癸卯仲秋 昇泉 李揆三

洛陽城裏見秋風
欲作家書意萬重
復恐恩恩說不盡
行人臨發又開封
　錄 張籍 詩 秋思 癸卯孟秋 昇泉 李揆三

秋陰漠漠四山空
落葉無聲滿地紅
立馬溪邊問歸路
不知身在畫圖中

秋陰漠漠四山空 (추음막막사산공) 가을 그늘은 막막하고 사방산이 비었는데
落葉無聲滿地紅 (낙엽무성만지홍) 단풍은 소리 없이 떨어져 땅에 가득 붉도다
立馬溪邊問歸路 (입마계변문귀로) 시냇가에 말을 세우고 가는 길 물어보니
不知身在畫圖中 (부지신재화도중) 내 몸이 그림 속에 있는 줄을 알지 못했다.

錄 鄭道傳 詩 訪金居士野居 癸卯仲冬 昇泉 李揆三

雨歇長堤草色多
送君南浦動悲歌
大同江水何時盡
別淚年年添綠波

雨歇長堤草色多 (우헐장제초색다) 비갠긴 제방에 풀빛이 푸르고
送君南浦動悲歌 (송군남포동비가) 임 보내는 남포에는 이별 노래 슬프도다.
大同江水何時盡 (대동강수하시진) 대동강 물은 어느 때나 다하려나
別淚年年添綠波 (별루년년첨록파) 이별의 눈물이 푸른 파도에 더해진다.

錄 鄭知常 詩 送人 癸卯仲秋 昇泉 李挨三

三千里外美人在
十二樓中秋月明
安得此身化爲鶴
統軍亭下一悲鳴(통군정하일비명) 통군정 아래에서 한번 슬피 울고 싶다.

錄 鄭澈 詩 詠懷 癸卯仲秋 昇泉 李揆三

薩水湯湯瀁碧虛 (살수탕탕양벽허) 살수는 넓게 흘러 양강은 푸른데
隋兵百萬化爲魚 (수병백만화위어) 수나라군 백만이 고기밥이 된 곳이네
至今留得漁樵話 (지금유득어초화) 지금도 어부 나무꾼 이야기로 남아 있는데
不滿征夫一笑餘 (불만정부일소여) 길손이 만족하지 못하고 한 웃음 짓는다.

錄 趙浚 詩 安州懷古 癸卯仲冬 昇泉 李揆三

少年易老學難成 (소년이로학난성) 소년은 늙기 쉽고 학문은 이루기 어려우니
一寸光陰不可輕 (일촌광음불가경) 작은 시간이라도 가볍게 여기지 말라.
未覺池塘春草夢 (미각지당춘초몽) 못 가에 풀은 아직도 봄 꿈을 깨지 않았는데
階前梧葉已秋聲 (계전오엽이추성) 총계 앞에 오동나무는 가을 소리를 내는구나.
錄 朱熹 詩 勸學文 癸卯孟秋 昇泉 李揆三

少年易老學難成
一寸光陰不可輕
未覺池塘春草夢
階前梧葉已秋聲

小梅零落柳傲垂(소매영락유기수) 작은 매화 모두 떨어지고 버들이 드리워 춤추는데
閒踏淸風步步遲(한답청풍보보지) 한가로이 맑은 바람 쐬며 걸어가니 걸음걸음 더디다.
漁店閉門人語少(어점폐문인어소) 생선 가게는 문을 닫고 사람 소리도 적은데
一江春雨碧絲絲(일강춘우벽사사) 강 위에 봄비 내리고 버들가지 휘날린다.

錄 陳澕 詩 春興 癸卯仲冬 昇泉 李揆三

滿庭月色無煙燭
入座山光不速賓
更有松絃彈譜外
只堪珍重未傳人

滿庭月色無煙燭 (만정월색무연촉) 마당에 가득한 달빛은 연기 없는 촛불이요
入座山光不速賓 (입좌산광불속빈) 들어와 앉은 산빛은 초청 안 한 손님이라
更有松絃彈譜外 (갱유송현탄보외) 다시 들리는 솔바람 소리는 악보 밖의 음악이요
只堪珍重未傳人 (지감진중미전인) 아아 너무나 소중하여 남들에게 전하지 못하겠네.

錄 崔冲 詩 絕句 癸卯仲冬 昇泉 李揆三

龍疲虎困割川原 (용피호곤할천원) 용은 지치고 범도 피곤하여 강과 들을 나누어 가졌으니
億萬蒼生性命存 (억만창생성명존) 억만의 백성들의 목숨이 살아남게 되었도다.
誰勸君王回馬首 (수권군왕회마수) 누가 임금에게 권하여 말머리를 돌리게 하고
眞成一擲賭乾坤 (진성일척도건곤) 참으로 하늘과 땅을 걸고 싸우게 했던고.

錄 韓愈 詩 過鴻溝 癸卯孟秋 昇泉 李揆三

秋淨長湖碧玉流
蓮花深處繫蘭舟
逢郎隔水投蓮子
或被人知半日羞

秋淨長湖碧玉流 (추정장호벽옥류) 가을 기다란 호수에 맑은 물 흐르고
蓮花深處繫蘭舟 (연화심처계란주) 연꽃 깊은 곳에 작은 배를 대었다.
逢郎隔水投蓮子 (봉랑격수투연자) 물 건너 있는 사내에게 연밥을 던졌는데
或被人知半日羞 (혹피인지반일수) 혹시 남이 보았을까 한나절 부끄러웠다.

錄 許蘭雪軒 詩 采蓮曲 癸卯仲秋 昇泉 李揆三

溫故知新博學問 (온고지신박학문) 옛 학문 익히고 새로운 학문을 익혀 넓은 학문을 하고
孝悌忠信行自嚴 (효제충신행자엄) 효도와 공경과 충실과 신의를 스스로 엄하게 행한다.
修身齊家和與世 (수신제가화여세) 내 몸을 닦고 가정을 화목하게 하여 세상과 화목하며
仁義禮智衆人範 (인의예지중인범) 어질고 의로롭고 지혜와 예절은 대중의 모범이 된다.

錄 李揆三 詩 銘倫 癸卯仲冬 昇泉 李揆三

唯一心至誠盟誓
相敬信愛和睦本
扶助忍恕福吾家
日日篤行平生進

唯一心至誠盟誓 (유일심지성맹서) 오직 한마음 지극한 정성으로 맹세하노니
相敬信愛和睦本 (상경신애화목본) 서로 공경하며 믿으며 사랑하여 화목함을 근본으로 하여
扶助忍恕福吾家 (부조인서복오가) 서로 손잡고 도와주며 참고 용서하는 행복한 우리 집
日日篤行平生進 (일일독행평생진) 날마다 날마다 두텁게 행하여 평생을 함께 나아간다.

錄 李揆三 詩 婚姻盟誓 癸卯仲冬 昇泉 李揆三

서예 낙관에 대하여

서예 낙관에 대하여...

1 낙관(落款)
작품 본문을 모두 쓰고 다음에 좀 작은 글씨로 출처, 때, 곳, 호, 성명 등을 쓰고 난 뒤 도장 찍는 것을 '낙관(落款)'이라 한다. '낙성관지(落成款識)'의 준말로 '낙성(落成)'은 '일을 모두 마쳤다'이고 '관(款)'은 '도장을 찍다', '지(識)'는 '기록하다'라는 뜻이다.

2 두인(頭印) 한장(閑章)
작품글 시작하는 첫머리에 글씨보다 높지 않게 찍는다. 내용은 보통 두 글자로 마음에 드는 문구를 정한다. 읽기 시작하는 부분을 알려주는 예의로서 찍는 것이 바람직하다. 그러나 요즘 공모전에는 찍지 않고 낸다고도 한다.

3 성명인(姓名印)
성명인(姓名印)은 음각(陰刻)으로 새겨서 백문(白文)으로 찍힌다. 낙관 글씨의 바로 밑에 도장의 반이나 하나 쯤 띄우고 찍는다.

4 아호인(雅號印)
호인(號印)은 양각(陽刻)으로 새겨서 주문(朱門)으로 찍힌다. 성명인 아래에 도장 크기의 한 개 또는 한 개 반을 띄우고 찍는다. 쓰기는 호(號)를 먼저 쓰고 성명(姓名)을 나중에 썼으나 도장은 그 반대로 성명인 먼저 찍고 호인을 뒤에 찍어 글쓰기의 반대이다.

5 도장
크기는 낙관 문안 글씨보다 크지 않아야 한다.

6 낙관 문안
낙관 문안은 록(錄), 출처(出處), 년(年)과 절기(節氣), 호(號), 성명(姓名)을 쓴다. '록(錄)'은 썼다는 뜻인데 록(錄)을 쓰지 않았으면 이름 아래에 '서(書)'라고 쓴다.

7 단관(單款)
錄 西山大師 詩 踏雪 癸卯孟秋 昇泉 李揆三이라고 하면, '록(錄)'은 '씀'이고, '西山大師 詩'는 서산대사가 지은 시이며 '踏雪(답설)'은 제목이니 출처요, '계묘맹추(癸卯孟秋)'는 년과 절기로 계묘년 가을이란 뜻이다. '승천(昇泉)'은 글씨를 쓴 사람의 호, '이규삼(李揆三)'은 성명이다. 출처를 밝히지 않아도 되는 내용을 썼으면 처음에 '록(錄)'을 쓰지 않고 끝에 '서(書)'를 써야 한다.

8 쌍관(雙款)

부탁을 받거나 선물로 써 줄 때 '쌍관(雙款)'이라 하는데 '위(爲)'는 '위하여', '증(贈)'은 '드립니다'라는 뜻이다. '지정(指正)'은 '바로잡아 주십시오'. '아정(雅正)'도 '바로잡아 주십시오', '서축(書祝)'은 '글로 축하합니다', '아촉(雅囑)'은 '부탁을 받아 써 드립니다' 등을 쓴다. 예를 들면 "雅正김송정선생님錄두보시춘망신묘계추관정이영석(성명인)(아호인)" (문인화에도 이와 같이 쓸 수 있다)

9 당호(堂號) 별호(別號)

당호(堂號)를 쓰는 경우 서재(書齋) 화실(畫室)의 이름을 쓰는데, '재(齋)', '헌(軒)', '관(館)', '산방(山房)', '실(室)' 등을 붙인다. 별호(別號)는 '옹(翁)' '산인(山人)', '산인(散人)', '도인(道人), '노인(老人), '거사(居士), '퇴사(退士)', '은사(隱士)', '일사(逸士)', '두타(頭陀)' '초부(樵夫)', '어부(漁夫) 등을 쓰는데, '산인(散人)'은 어디에도 얽매이지 않은 자유롭게 사는 사람이란 뜻이며, '두타(頭陀)'는 승려를 말한다.

- 두인
- 錄 썼다라는 뜻
- 西山大師 시의 '지은이'.
- 詩 '시'
- 踏雪 시 제목
- 癸卯孟秋 글씨를 쓴 '년'과 '절기'.
- 昇泉 '호'
- 李揆三 '성명'
- 성명인
- 아호인

행서(行書), 초서(草書) 쓰기

행서(行書), 초서(草書) 쓰기

해서체(楷書體)를 쓰다가 행서, 초서를 쓰면 다시 해서체로 돌아가기 힘들어합니다. 해서체 한 글자 쓸 때, 행서는 두 글자, 초서는 세, 네 글자 쓸 수 있으니 매력적이지 않은가요?

행서체, 초서체는 역입, 회봉을 하지 않고 씁니다.

조선 시대 사관(史官)들은 사초(史草)를 쓸 때, 말하는 소리를 듣고 한문 문장에 맞는 어순으로 써내려 갑니다. 그렇게 쓴 사초를 임금이 죽고 정서하여 실록을 만들 때 다른 사관이 그 글씨를 알아보고 해석할 수가 있어야 합니다.

조그만 차이를 잘 익혀 바르게 배워야 합니다.

행, 초서는 한번 붓을 대면 끝날 때까지 한 번에 쓴다는 감으로 써야 합니다. 이렇게 하려면 한 글자를 여러 번 연습해야 합니다.

손에도 기억력이 있습니다. 잊어서 생각이 안 날 때 붓을 대고 쓰면 잊었던 글자가 손이 기억하고 써집니다.

많은 연습이 필요합니다. 연습 이외에 방법이 없습니다. 그러면 저절로 정신이 일도 되고 잡념이 없어집니다.

어느 때는 소름이 돋듯 희열이 느껴집니다.

그 재미로 쉽게 익혀지지 않는 서예를 합니다.

여러 글자를 익히려고 하지 말고 하나의 작품을 완성하세요. 그다음에는 연습하지 않은 글자를 만나도 쉽게 잘 써집니다.

行書愛誦漢詩
행서애송한시

발행일	2024년 4월
인쇄일	2024년 4월
발행인	이선형
발행처	청자출판사

출판사신고번호	제572-2024-000004호
주소	충북 청주시 서원구 두꺼비로94번길 64-12 301호(산남동)
전화	010-8293-0439
블로그	blog.naver.com/gold0511
편집·인쇄	한양정판사

정가	22,000원
ISBN	979-11-987577-0-8

◎ 이 책에 수록되어 있는 글과 그림은 무단 전제와 복제를 금합니다.